BEI GRIN MACHT SICH IHR WISSEN BEZAHLT

- Wir veröffentlichen Ihre Hausarbeit, Bachelor- und Masterarbeit

- Ihr eigenes eBook und Buch - weltweit in allen wichtigen Shops

- Verdienen Sie an jedem Verkauf

Jetzt bei www.GRIN.com hochladen und kostenlos publizieren

Bibliografische Information der Deutschen Nationalbibliothek:

Die Deutsche Bibliothek verzeichnet diese Publikation in der Deutschen Nationalbibliografie; detaillierte bibliografische Daten sind im Internet über http://dnb.d-nb.de/ abrufbar.

Dieses Werk sowie alle darin enthaltenen einzelnen Beiträge und Abbildungen sind urheberrechtlich geschützt. Jede Verwertung, die nicht ausdrücklich vom Urheberrechtsschutz zugelassen ist, bedarf der vorherigen Zustimmung des Verlages. Das gilt insbesondere für Vervielfältigungen, Bearbeitungen, Übersetzungen, Mikroverfilmungen, Auswertungen durch Datenbanken und für die Einspeicherung und Verarbeitung in elektronische Systeme. Alle Rechte, auch die des auszugsweisen Nachdrucks, der fotomechanischen Wiedergabe (einschließlich Mikrokopie) sowie der Auswertung durch Datenbanken oder ähnliche Einrichtungen, vorbehalten.

Impressum:

Copyright © 2016 GRIN Verlag
Druck und Bindung: Books on Demand GmbH, Norderstedt Germany
ISBN: 9783668908192

Dieses Buch bei GRIN:

https://www.grin.com/document/458196

Sandra Schulz

Zwangsarbeit und Zerstörung der Privatsphäre in der nationalsozialistischen Mischlingspolitik

GRIN Verlag

GRIN - Your knowledge has value

Der GRIN Verlag publiziert seit 1998 wissenschaftliche Arbeiten von Studenten, Hochschullehrern und anderen Akademikern als eBook und gedrucktes Buch. Die Verlagswebsite www.grin.com ist die ideale Plattform zur Veröffentlichung von Hausarbeiten, Abschlussarbeiten, wissenschaftlichen Aufsätzen, Dissertationen und Fachbüchern.

Besuchen Sie uns im Internet:

http://www.grin.com/

http://www.facebook.com/grincom

http://www.twitter.com/grin_com

Universität Erfurt

Erziehungswissenschaftliche Fakultät

-Fachgebiet Psychologie-

Die nationalsozialistische Mischlingspolitik im Hinblick auf Zwangsarbeit und die Zerstörung der Privatsphäre

vorgelegt von:

Sandra Schulz

Lehrveranstaltung: Gemeinsame Ringvorlesung von FH und Universität Erfurt: Politische Krisen. Herausforderungen

Erfurt, den 19.03.2017

Inhaltsverzeichnis:

1. Einleitung 2
2. Zahlen, Altersverteilung und soziales Profil der nationalsozialistischen
Mischlingspolitik 2
3. Die Zerstörung der Privatsphäre 4
    3.1 Die Behandlung der Ehegenehmigungsverträge 4
    3.2 Der Druck auf bestehende Ehen 6
4. Von der freien Betätigung zur Zwangsarbeit 7
    4.1 Bildungs- und Ausbildungsbeschränkungen 7
    4.2 Berufsbezogene Maßnahmen 9
5. Fazit 10
6. Literaturverzeichnis 11

1. Einleitung

In aktuellen Medien wird immer wieder deutlich, dass der Antisemitismus in Deutschland nicht der Vergangenheit angehört. Er ist und bleibt in allen Bevölkerungsgruppen und Gesellschaftsschichten präsent und wird offen gezeigt. In der Tat stellt ein Expertenbericht im Auftrag des Bundestages bei etwa einem Fünftel der Bevölkerung einen latenten Antisemitismus fest. Verschiedene Stiftungen, wie beispielsweise die Ebert-Stiftung, haben herausgefunden, dass der sogenannte "sekundäre Antisemitismus" - die Relativierung des Holocausts und der Judenfeindlichkeit in Reaktion auf den Holocaust - bei knapp 24 Prozent der Deutschen verbreitet ist. Es ist davon auszugehen, dass judenfeindliche Stereotype mittlerweile in Gesellschaftskreisen als akzeptabel gelten, in denen sie noch vor einigen Jahren abgelehnt wurden. Mit zunehmendem zeitlichen Abstand zum Holocaust scheinen viele Menschen offenbar das Gefühl zu haben, judenfeindliche Einstellungen offener ausdrücken zu können. Diese Einstellungen haben sich über alle Bevölkerungsgruppen hinweg manifestiert, hierbei spielt eine Unterscheidung in bildungsferne oder gut qualifizierte Schichten keine Rolle. Obwohl ein Bewusstsein für dieses Thema herrschen sollte, vermisst man bis heute eine öffentliche Auseinandersetzung mit diesem Thema (zeit.de, o. S.).

Die vorliegende Hausarbeit soll dieses konfliktgeladene Thema des Antisemitismus aufgreifen und beschäftigt sich im Speziellen mit der nationalsozialistischen "Mischlingspolitik". Der Fokus wird hierbei auf die Zerstörung der Privatsphäre im Hinblick auf die Eheschließung sowie auf die Zwangsarbeit gelegt.

2. Zahlen, Altersverteilung und soziales Profil der nationalsozialistischen Mischlingspolitik

B. Meyer schreibt in ihrem Buch *"Jüdische Mischlinge". Rassenpolitik und Verfolgungserfahrung 1933-1945* (2015), dass gesetzlich grundsätzlich zwischen zwei Gruppen unterschieden wurde, nämlich zwischen „Juden" und „jüdischen Mischlingen. Die Gruppe der „jüdischen Mischlinge" wurde weiter unterteilt in „jüdische Mischlinge ersten Grades" mit zwei jüdischen Großeltern und „jüdische Mischlinge zweiten Grades" mit einem jüdischen Großelternteil. Ungeachtet gleicher

„biologisch-rassischer Abstammung" wurden „Mischlinge ersten Grades" jedoch in unterschiedliche Kategorien eingeordnet: Sie galten nicht als „Mischlinge", sondern als „Voll-Juden", wenn sie der jüdischen Kultusgemeinde angehörten, mit einem Juden verheiratet waren oder nach 1935 einen Juden ehelichten. Für diese Gruppe von „Halbjuden" wurde später der Begriff Geltungsjude geprägt. Halbjuden wurden in diesem Kontext als jüdische Mischlinge mit zwei volljüdischen Großeltern definiert Schätzungen, wie viele "Halbjuden" in Deutschland leben, klafften bis ins Jahr 1939 weit auseinander. Die vom Zensus ermittelte Zahl betrug 72.738 beziehungsweise 71.126 "Halbjuden" und 42.811 beziehungsweise 41.456 "Mischlinge zweiten Grades". Abzüglich der "Geltungsjuden" verblieben noch circa 64.000 "Mischlinge ersten Grades". Doch hier gilt es zu berücksichtigen, dass die tatsächlich erreichte Zahl die geschätzten Größenordnungen nicht annähernd erreichte. Bezogen auf die Gesamtbevölkerung machten die "Mischlinge ersten Grades" 0,09 % und die "Mischlinge zweiten Grades" 0,05 % aus. Bezüglich der Altersverteilung ist festzuhalten, dass Volkszählungsergebnisse neben 56.327 jüdischen Ehepaaren 19.114 Mischehen im Sinne der Nationalsozialisten auswiesen. Zudem waren 1.098 Ehen zwischen Juden und "Mischlingen ersten Grades" und 242 mit solchen "zweiten Grades" erfasst worden. Unter den "Mischlingen ersten Grades" waren Frauen stärker vertreten als Männer. Die Ledigenrate lag bei den "Mischlingen ersten und zweiten Grades" relativ hoch, was sich vor allem durch die restriktive Handhabung der Ehegenehmigungen erklären ließe. 34,2 % der "Mischlinge ersten Grades" hatten keine Kinder, 30 % ein Kind, 19,6 % zwei Kinder und letztlich hatten 16,2 % mehr als zwei Kinder. "Mischlinge zweiten Grades" hatten 6.238 Kinder gezeugt, von denen nur 29 vom Religionsbekenntnis her jüdisch waren (Meyer, 2015).

Über die Erwerbstätigkeit der "Mischlinge" konnte aufgrund der Volkszählung mitgeteilt werden, dass Juden vorwiegend im Bereich Handel und Verkehr arbeiteten, gefolgt vom Sektor Industrie und Handwerk. In der Gruppe der Selbständigen ohne Beruf waren vom eigenen Vermögen Lebende, Rentner, Heim- und Anstaltsinsassen und andere Leistungsempfänger oder Berufslose zusammengefasst (Meyer, 2015). Diese Gruppe stieg bis 1939 auf mehr als das Dreifache an, während die Zahl der erwerbstätigen Juden auf weniger als die Hälfte absank, welches als eine unmittelbare Folge der Ausgrenzung anzusehen war. Diese Ausgrenzung der Juden aus Berufen und Wirtschaftszweigen sowie die Enteignung ihrer Unternehmen war im Jahre 1939 weitgehend abgeschlossen. Der Anteil der Juden in den Bereichen Handel und Verkehr war prozentual auf ein Sechstel gefallen, in Handwerk und Industrie auf die Hälfte. Prozentual leicht gestiegen waren die Zahlen der Beschäftigten im Bereich Haushalt sowie Forst- und Landwirtschaft. In diesen Bereichen war es möglich, saisonal bedingte, ungelernte oder kurzzeitige Tätigkeiten auszuüben. Die erwerbstätigen "Mischlinge ersten Grades" hingegen waren nicht durch den Verfolgungsdruck ausgegrenzt, einzig im Bereich der Land- und Forstwirtschaft waren sie unterrepräsentiert. Jedoch lag auch bei Ihnen der Anteil der Berufslosen höher als in der Gesamtbevölkerung (Meyer, 2015).

3. Die Zerstörung der Privatsphäre

3.1 Die Behandlung der Ehegenehmigungsverträge

Was die Eheschließung anbelangt, kam es nicht zur Auflösung bereits bestehender Ehen, allerdings unterlagen neue Eheschließungen gesetzlichen Einschränkungen, die buchstäblich einem Verbot gleichkamen. "Mischlingen ersten Grades" war eine Heirat mit "Deutschblütigen" oder "Mischlingen zweiten Grades" nur mit Ausnahmegenehmigung erlaubt, untereinander konnten sie im Gegensatz zu den "Mischlingen zweiten Grades" heiraten. Neben den allgemeinen Vorschriften galten für bestimmte Gruppen Sonderregelungen: Beamte und Wehrmachtsangehörige hatten grundsätzlich die Pflicht, Anträge auf Heiratsgenehmigung bei ihren Vorgesetzten einzureichen. Diese Berufsgruppen wurde vom Standesamt und der jeweiligen Dienststelle - somit doppelt - geprüft. Die Ehe eines Beamten mit einem "Mischling zweiten Grades" bedurfte einer Genehmigung und die Ehe mit einem solchen "ersten Grades" war verboten. Diese Sonderregelungen des Innenministeriums wurden damit begründet, dass von Staatsdienern erwartet werden könne, dass sie eine solche Art von Eheschließung aufgrund ihrer weltanschaulichen Haltung ohnehin nicht anstrebten. Alle Anträge auf Ehegenehmigung unterlagen zahlreichen Prüfungen über mehrere Instanzen hinweg. Bis 1942 stieg die Zahl der Anträge auf Tausende an. 88 von 94 Anträgen scheiterten bereits an der Beurteilung der ersten Instanz, der Staatlichen Gesundheitsbehörde, welche die Verlobten charakterlich, körperlich sowie erbbiologisch begutachtete (Meyer, 2015).

Die Beurteilungen fielen sehr unterschiedlich aus, da durch die untersuchenden Ärzte keine Bewertungsmaßstäbe angelegt wurden. Auch wurden die Gesundheitsämter darauf hingewiesen, neben den gesundheitlichen Aspekten den Standpunkt der Erb- und Rassenpflege mit einbeziehen, welcher die Eheschließung zwischen einem jüdischen Mischling und einem deutschen Staatsangehörigen als unerwünscht ansah und eine Eheschließung von diesem Gesichtspunkt aus nur in den seltensten Fällen zu befürworten wäre. Trotz unterschiedlicher Ausgangspositionen ging die Begründungslogik grundsätzlich zu Lasten des Paares. Mischlingen wurde unter anderem "jüdischer Einschlag", "Unbeholfenheit", ein "wesensfremder Eindruck" oder auch "Arroganz" bescheinigt. Weder eine bestehende Schwangerschaft noch ein jahrelanges Zusammenleben konnten die Sachverständigen dazu bewegen, einen Antrag zu befürworten. Insgesamt verfuhr die Innenbehörde äußerst restriktiv bei der Bearbeitung der Ehegenehmigungen und so wurde die überwiegende Mehrheit der Anträge bereits auf regionaler Ebene ausgesiebt. Antragsteller, deren Gesuche mit Zustimmungsempfehlung zum "Reichsausschuss zum Schutze des deutschen Blutes" gelangten, hatten ebenfalls kaum Chancen. An dieser Stelle ging es nicht darum, die Antragsteller ernsthaft zu begutachten, sondern vielmehr stand im Vordergrund, die Ehe eines "Mischlings" mit einer "deutschblütigen" Person und einen eventuellen Schaden für das Deutsche Reich bei Ablehnung zu verhindern. Hier wird deutlich, dass individuelle Bedürfnisse der Antragsteller bedeutungslos waren (Meyer, 2015).

"Mischlinge ersten Grades" der vor 1900 geborenen Jahrgänge waren gewöhnlich bereits verheiratet oder entschieden sich bewusst, ledig zu bleiben. Stark von den Einschränkungen betroffen waren die Jahrgänge zwischen 1900 und 1920. Viele Paare waren ungeachtet der Ablehnung ihrer Gesuche zusammen geblieben und lebten oftmals unter schweren Bedingungen zusammen. Andere stellten keine Anträge aus Angst, durch diesen Vorgang aufzufallen. Selten wählten Paare den Ausweg der Eheschließung im Ausland (Meyer, 2015).

3.2 Der Druck auf bestehende Ehen

Während die Anträge auf Ehegenehmigungen bezüglich der "Mischlinge ersten Grades" nahezu durchgängig abgelehnt wurden, zeigte der Druck auf bereits bestehende Ehen wenig Wirkung. Die Anzahl der Scheidungen, an denen "Mischlinge ersten Grades" beteiligt waren, blieb niedrig. Unter den Tausenden von Scheidungsurteilen befanden sich nur wenige, in denen die "Mischlingseigenschaft" eines Partners erwähnt wurde. Dadurch unterscheiden sich die Scheidungen von "Mischlingsehen" sehr deutlich von denen der Mischehen, die dann einen Anstieg verzeichneten, wenn neue antijüdische Maßnahmen in Kraft traten. "Mischlinge" wurden nicht in dem Ausmaß ihrer wirtschaftlichen Existenz beraubt wie Juden. Vor allem aber wurden sie nicht deportiert. So war der auf den Ehen lastende Druck im wesentlichen eher wirtschaftlicher Natur, dem viele Paare gemeinsam standhielten oder ausweichen konnten. Auch der geschlechtsspezifische Aspekt, der bei den Mischehen eine bedeutsame Rolle gespielt hatte, ist hier eher eine zu vernachlässigende Größe. Nach der nationalsozialistischen Machtübernahme stand es scheidungswilligen Ehepartnern von "Mischlingen" ebenso wie den "deutschblütigen" Mischehepartnern offen, den Irrtum über die Bedeutung der jüdischen Abstammung und später die Möglichkeit der Eheaufhebung geltend zu machen. Dennoch entschieden sich nur sehr Wenige für diesen Weg. Die meisten Paare ließen sich aufgrund Ehebruchs, schwerwiegender Eheverfehlung oder beispielsweise auch aufgrund Zerrüttung scheiden. Im Gegensatz zu den Mischehen, welche nach 15- oder noch mehrjähriger Ehe geschieden wurden, sind bei den "Mischlingsehen" diejenigen Ehen häufiger geschieden worden, die weniger als zehn Jahre bestanden hatten. Was die Scheidungsbegründungen anbelangt ist erwähnenswert, dass eine jüdische Herkunft weder von der Klägerseite noch von den Richtern als scheidungsrelevant gewertet wurde, was bedeutet, dass die Richter durchweg anders urteilten als bei Mischehescheidungen. Vor allem beugten sie nicht das Recht, um rassistische Prinzipien zur Geltend zu verhelfen, sondern orientierten sich an der Einhaltung beziehungsweise Verletzung geschlechtsspezifischer ehelicher Pflichten (Meyer, 2015). Aus dieser Urteilspraxis der Richter lässt sich schlussfolgern, dass diese mehrheitlich zwar die private und öffentliche Trennung der Juden von den "Deutschblütigen" für notwendig erachten, jedoch eine weitergehende Ausdehnung des Judenbegriffs verweigerten. Ebenso verhielten sich die Ehepartner und die Scheidungsraten für die "Mischlingsehen" blieben niedrig, was allerdings nicht automatisch bedeutet, dass die Betroffenen im Ehe- und sonstigen Alltag frei von Diskriminierung und Druck waren. Außenstehende wie beispielsweise Parteifunktionäre, Arbeitgeber, militärische Vorgesetzte oder auch Nachbarn versuchten, eine Trennung herbeizuführen. Jedoch blieb, wie bereits erwähnt, die Auswertung der Urteile von "Mischlingsehen" fernab rassistischer Momente (Meyer, 2015).

4. Von der freien Betätigung zur Zwangsarbeit

4.1 Bildungs- und Ausbildungsbeschränkungen

Im Jahre 1933 wurde ein Gesetz gegen die Überfüllung deutscher Schulen und Hochschulen erlassen, da der angeblich zu hohe Anteil der Juden unter den akademischen Berufen auf deren bessere Schulbildung zurückzuführen sei. Darüber hinaus wurde bestimmt, dass der Anteil "nichtarischer" Schüler und Studenten nicht höher als deren Bevölkerungsanteil liegen durfte. Als "angemessen" wurde es angesehen, wenn maximal fünf Prozent der Schüler oder Studierenden "Nichtarier" waren. Ausgenommen davon waren Kinder von Frontkämpfern und "Mischlinge ersten und zweiten Grades", deren Eltern die Ehe vor Inkrafttreten des Gesetzes geschlossen hatten. Dauerhaft durfte aber der Anteil der "Nichtarier" 1,5 % aller Schüler und Studenten nicht übersteigen. In den Jahren 1935 bis 1939 schwankte der Anteil der "Mischlinge" aller öffentlichen und privaten Schulen zwischen 0,89 % und 1,04 %. Auch in anderen schulischen Ausbildungsbereichen wurde die Zahl der "Nichtarier" nach diesem Gesetz geregelt. Beispielsweise durfte bei den Prüfungen für Kleinkinder- und Säuglingspflege nur eine Anerkennung pro 100 Prüflinge auf eine "Nichtarierin" fallen. "Mischlinge", die auf dem Gymnasium verblieben sind, konnten zwar weiterhin die Reifeprüfung ablegen, jedoch berechtigte sie diese nicht unbeschränkt zum Studium. 1937 wurden im Schulbereich die "Nichtarier" in "Juden" und "jüdische Mischlinge" unterteilt. Beide unterlagen der Schulpflicht. Während jüdische Schüler weiterhin den bisherigen Beschränkungen Folge leisten mussten, stand es "Mischlingen" frei, jüdische Schulen oder Wahlschulen (beispielsweise mittlere Schulen oder Fachschulen) zu besuchen (Meyer, 2015).

Des Weiteren wurde die Teilnahme an allen Schulveranstaltungen gestattet. Dennoch blieben in der Folgezeit Einschränkungen nicht aus. So durften beispielsweise Mädchen, die an einer Oberschule einen hauswirtschaftlichen Zweig belegten, kein Praktikum im Heim oder bei "deutschblütigen" Familien absolvieren. Dadurch wurde die Möglichkeit extrem reduziert, den Abschluss in diesem Bereich zu erreichen. Die Möglichkeit, jüdische Schulen zu besuchen, nahmen nur wenige Eltern von "Mischlingen" wahr, da der Schulalltag auf einer öffentlichen Schule von extremer Diskriminierung gekennzeichnet war. Alternativ wurde hier der Besuch einer Privatschule in Betracht gezogen, was jedoch durch die Auflösung der Privatschulen im Jahre 1939 wegfiel. Mit anschließendem Erlass im Jahre 1942 wurden "Mischlinge ersten Grades" vom Besuch der Haupt- und weiterführenden Schulen ausgeschlossen, kurz darauf folgte der Ausschluss vom Besuch privater Vorbereitungsschulen sowie von Berufsfach- und technischen Schulen. "Mischlinge zweiten Grades" durften Schulen besuchen, wenn Platz vorhanden war. Während der Luftangriffe auf Hamburg und bereits davor gingen Schulklassen in die Kinderlandverschickung (KLV), wo sie von begleitenden Lehrern unterrichtet wurden. "Mischlinge ersten Grades" waren von dieser Kinderevakuierung, die gleichzeitig der "Formationserziehung" im nationalistischen Sinne dienen sollte, ausgeschlossen. In diesen Zeiträumen mussten zurückgebliebene "Mischlinge" umgeschult werden (Meyer, 2015).

Es ist mehr als deutlich geworden, dass "halbjüdische" Schüler und Schülerinnen seit 1933 von massiven Einschränkungen in Schule und Hochschule betroffen sind. Problematisch hierbei war auch die damalig vorherrschende widersprüchliche Rechtslage, die aufgrund zahlreicher unterschiedlicher Rechtsauslegungen ein Gefühl der Rechtsunsicherheit auslöste. Die Eltern, die selbst von massiven beruflichen Ängsten geplagt waren, versuchten ihren Kindern die bestmögliche Schulbildung zu geben und Diskriminierung zu verhindern. Sie wiesen ihre Kinder an, sich möglichst angepasst und unauffällig in den Klassenverband zu fügen. Jedoch geriet die elterliche Erziehung zur Anpassung angesichts eigener Alltagserfahrungen in Kombination mit der rebellischen Pubertät zeitweise ins Wanken und schlug in Protesthaltung um (Meyer, 2015). Während sich ihre "deutschblütigen" Mitschüler einsichtig zeigten und mit milden Bestrafungen rechnen konnten, führten diese Proteste bei den "Mischlingen" häufig zur Abschulung in Verbindung mit Anklagen beziehungsweise Gefängnisstrafen. Über diese massiven schulischen Einschränkungen hinaus erinnern sich Kinder und Jugendliche an unzählige Diskriminierungen. Der Antisemitismus schlug sich in schlechten Noten und Verwarnungen bei den geringsten Kleinigkeiten wieder, ohne dass er als solcher offensichtlich wurde. So begannen einige Lehrer den Unterricht grundsätzlich mit der Aufforderung an "Nichtarier", sich zu melden, andere nutzten deren Abwesenheit für "rassenkundliche" Demonstrationen. Ab dem Jahr 1944 wurden die Bedingungen zum Studium nochmals verschärft. Von nun an durften nur noch solche "Mischlinge" studieren, die vor der nationalsozialistischen Machtübernahme in der NS-Bewegung aktiv gewesen waren. Somit brauchten weibliche "Mischlinge" nicht mal mehr die Hoffnung zu hegen, überhaupt die Zulassung zum Studium zu erlangen, da sie in der NS-Bewegung in verschwindender Minderzahl vertreten waren (Meyer, 2015).

.4.2 Berufsbezogene Maßnahmen

Obwohl "Mischlingen" Ausbildungsmöglichkeiten im medizinischen, künstlerischen und pädagogischen Bereich verwehrt waren, so standen ihnen doch Ausbildungsgänge in der freien Wirtschaft offen. In den folgenden Jahren wiesen das Reichswirtschaftsministerium und andere Institutionen immer wieder auf die Freiheit wirtschaftlicher Betätigung hin, markierten allerdings auch deren Grenzen. Beispielsweise sollten "Mischlinge" nicht als selbständige Auslandsvertreter von Firmen eingesetzt werden. Des Weiteren entschied jeder Sachbearbeiter des Arbeitsamtes bei der Suche einer Ausbildungsstelle im kaufmännischen oder handwerklichen Bereich sehr unterschiedlich. Auch wurde das Arbeitsamt angewiesen, den "rassischen Status" zu vermerken und "Mischlinge" an andere Stellen zu vermitteln, wie beispielsweise in der Rüstungsindustrie. Ein Teil Ausbildungswilliger hatte Glück und konnte die gewünschte Lehre absolvieren, ein anderer durfte keine kaufmännische, wohl aber eine Handwerkslehre antreten. Von den abgeschulten Gymnasiasten wurde sogar ein Teil gar nicht zur Ausbildung zugelassen, sondern musste bis Kriegsende als Dienstmädchen oder Hilfsarbeiter tätig sein (Meyer, 2015).

Tatsächlich gab es viele Personen in untergeordneten oder mittleren Positionen, die ihre Machtstellung nutzten, um die "Mischlinge" zu schikanieren, deren verbliebene

Lebensräume zu beschneiden und alle hierfür notwendigen Maßnahmen einzuleiten, die notwendig sind, um zu verhindern, dass ein "Mischling" einen besseren Posten einnahm oder auch über eine bessere Schulbildung verfügte (Meyer, 2015).

5. Fazit

Diese Hausarbeit soll in Erinnerung rufen, wie es den in der Regel zwischen 1870 und 1935 geborenen "Mischlingen" erging. Der Ausbruch des Krieges bedeutete für die gesamte Bevölkerung die sukzessive Neustrukturierung und Durchplanung aller Lebens- und Arbeitsbereiche. Anfangs reagierte die jüdische Bevölkerung hierauf erleichtert, da Hoffnung bestand, dass im Krieg die antijüdische Politik in den Hintergrund treten würde. Tatsächlich wurde diese Hoffnung sehr schnell durch die dann erlassenen Sonderregelungen zerstört. (Meyer, 2015). Ausgrenzung und Unterdrückung bestimmten ihr Leben. Neue Anordnungen stellten die Juden ungleich schlechter dar als die übrige Bevölkerung. Je nach Lebensphase geriet dabei ihr Selbstverständnis ins Wanken, Lebensentwürfe konnten nicht verwirklicht werden, Positionen in der gesellschaftlichen Hierarchie gingen verloren. Eine Chance auf eine selbstgestaltete Zukunft schwand dahin. Zentrale Lebensbereiche veränderten sich, beispielsweise das Nachgehen einer beruflichen Betätigung oder die Eheschließung erwiesen sich als nahezu unüberbrückbare Hürden. Gemäß der Auffassung der Nationalsozialisten hat die eheliche Gemeinschaft in erster Linie der "Volksgemeinschaft" zu dienen und soll den Fortbestand in "rassischer" Hinsicht sichern. Aus dieser Perspektive war es nach der Machtergreifung dringend geboten, bereits bestehende Mischehen aufzuheben beziehungsweise zu verhindern. Auch hinsichtlich der genannten Einschränkungen im beruflichen Bereich wurden durch das nationalsozialistische Regime alle für sie notwendigen Maßnahmen eingeleitet, um eine bessere Schulbildung beziehungsweise eine bessere Stellung der "Mischlinge" zu verhindern. In jedem Fall konnte die rassistische Argumentation, wenn sie einmal als verbindlich anerkannt worden war, ausgeweitet werden, ohne dass Möglichkeiten zur Gegenwehr bestanden oder die Berufung auf Gleichbehandlung geholfen hätte (Meyer, 2015).

5. Literaturverzeichnis

Meyer, B. (2015). *"Jüdische Mischlinge". Rassenpolitik und Verfolgungserfahrung 1933-1945*, 4. Auflage. *Hamburg*: Dölling und Galitz Verlag.

ZEIT ONLINE. URL: http://www.zeit.de/politik/2013-11/Antisemitismus-Deutschland-Gedenktag [Stand: 31.01.2017]

BEI GRIN MACHT SICH IHR WISSEN BEZAHLT

- Wir veröffentlichen Ihre Hausarbeit, Bachelor- und Masterarbeit

- Ihr eigenes eBook und Buch - weltweit in allen wichtigen Shops

- Verdienen Sie an jedem Verkauf

Jetzt bei www.GRIN.com hochladen und kostenlos publizieren